W0204796

GRACE GEYORO

Croire en ses rêves

Maquette : Maogani
Typo : Domino Mask, Knockout, Roc Grotesk, Gotham.
Relecture et correction : Laure Picard-Philippon

© Hachette Livre (Marabout) 2025
Toute reproduction d'un extrait quelconque de ce livre par quelque procédé que ce soit, et notamment par photocopie ou microfilm, est interdite sans autorisation écrite de l'éditeur. Aucune partie de ce livre ne peut être reproduite sous quelque forme que ce soit ou par quelque moyen électronique ou mécanique que ce soit y compris des systèmes de stockage d'information ou de recherche documentaire, sans autorisation de l'éditeur.

C. CÉLÉRIEN · BLACHETTE

GRACE GEYORO
Croire en ses rêves

SPORTFACTORY

À toutes les petites filles et tous les petits garçons qui rêvent en grand. À ceux qui doutent parfois, mais qui avancent quand même. J'espère que ces pages leur donneront l'envie de croire en eux, de persévérer, et de ne jamais lâcher leurs rêves, aussi fous ou lointains puissent-ils paraître.

Grace Geyoro

Pour Charlie, Suzie et toutes les petites filles qui bougent, dansent, se bagarrent, tapent dans un ballon et se rêvent en sportives de haut niveau, ce message :
Sky is the Limit !

Chloé Célérien

Maison des Geyoro – Les Aubrais – 2005.
HA ! HA !
HA ! HA !

Kolwezi – République démocratique du Congo – 1er juillet 1997.
AAAAHH !
AAAHH !

BAM !
OUVREZ !
BAM !
CRAC
OÙ SONT LES BIJOUX ?!
OÙ EST L'ARGENT ?!
PRENEZ CE QUE VOUS VOULEZ ET ALLEZ-VOUS-EN !
SEIGNEUR... AIDE-NOUS...
IL EST OÙ TON DIEU ? QU'EST-CE QU'IL VA FAIRE POUR TOI ?

YAN !!!!
ET TON MARI, IL EST OÙ ?

IL N'EST PAS LÀ.
TU AS DE LA CHANCE POUR CETTE FOIS-CI, MAIS ON REVIENDRA !
TIENS, JE L'AVAIS PAS VUE CETTE POUPÉE !
MAMAAAAN !
MA PETITE GRACE...
ON NE PEUT PAS RESTER ICI. IL FAUT PARTIR...

Retour dans la maison des Geyoro.
QUELQU'UN SOUHAITE ENCORE DU JUS DE FRUIT ?
Dans la famille Geyoro, il y a les parents : Angélique, la maman, et le papa.
Dans la famille Geyoro, il y a beaucoup d'enfants, beaucoup de sourires, beaucoup de respect, beaucoup d'amour… et au milieu de tout ça, il y a… Grace !
SALEM, 2009
VICTORIA, 2006
GRAAAAAAACE !!!

TOUT SE PASSE BIEN ?
SAMANTHA, TU AS VU TA SŒUR ?
EUH...
GOUZI-GOUZI
ET YAN ? OÙ IL EST ENCORE PASSÉ ?!?
HÉ HÉ...
...

DÉPÊCHE-TOI !
PAR LÀ !
ATTENTION !
C'EST BON, LA VOIE EST LIBRE !

GRAAAAAAAAACE !!!

VAS-Y ! GRIMPE !
VOILÀ, SAUTE MAINTENANT !

GRAAAAAACE, C'EST À TON TOUR DE FAIRE LA VAISSELLE !!!
JE SAIS QUE TU M'ENTENDS !
GRAAAAAACE ! AH NE ME DIS PAS QUE TU ES ENCORE AU FOOT AVEC TON FRÈRE ?!
GRAAAAAAAAACE !!!!!!
GRAAAAAAAAAAAAAAAAAAACE !
STADE GASTON COUTÉ

T'ES PRÊTE ?!?
VAS-Y...

BUT DE GEYORO !!!!!
ÇA FAIT 18 À...
ZÉRO !
C'EST TROP FACILE, C'EST TOUT LE TEMPS MOI DANS LES CAGES AUSSI. LAISSE-MOI TIRER !
ALLEZ, VAS-Y...

ALLEZ, L'AUTRE PIED MAINTENANT !
TU PEUX PAS ÊTRE UNE BONNE FOOTBALLEUSE SI TU FRAPPES PAS DES DEUX PIEDS !
T'ES UNE FILLE, TU DOIS FAIRE LA DIFFÉRENCE, TU DOIS ÊTRE PLUS FORTE QUE...
LES GARÇONS !

ALLEZ, MAINTENANT, IMAGINE... TU ES GRACE GEYORO...
TU JOUES EN ÉQUIPE DE FRANCE. TU ES EN FINALE DE LA COUPE DU MONDE...
TU ES LA DERNIÈRE À TIRER LE PENALTY.
SI TU MARQUES...
TU ES CHAMPIONNE.
?
C'EST PAS JUSTE UN TIR AU BUT, GRACE. C'EST UN TIR QUI PEUT CHANGER LE COURS D'UN MATCH...
QUI PEUT FAIRE DE TOI...
UNE CHAMPIONNE.
LE FOOT À HAUT NIVEAU, ÇA SE JOUE LÀ !
C'EST PAS UNE QUESTION DE MUSCLE, NI DE FORCE NI DE PUISSANCE... N'OUBLIE JAMAIS ÇA, MA STAR...

LE FOOT,
ÇA SE JOUE
AVEC LE CŒUR
ET AVEC L'ESPRIT...

Demi-finale playoff D1 Arkema – 11 mai 2024.
QUEL MATCH ! VOILÀ LE PSG ET LE PARIS FC À ÉGALITÉ À L'ISSUE DE CETTE DEMI-FINALE.
ET MAINTENANT DANS CETTE SÉANCE DE TIRS AU BUT, C'EST LE PSG QUI A L'AVANTAGE, ALORS QUE LA CAPITAINE GRACE GEYORO S'AVANCE POUR SON TIR...
PARIS ST GERMAIN
RÊVONS PLUS GRAND
LA CAPITAINE...
... ET MILIEU DE TERRAIN DU PSG A LE DESTIN DE SON ÉQUIPE ENTRE LES MAINS...
C'EST PAS JUSTE UN TIR AU BUT, GRACE.
C'EST UN TIR QUI PEUT CHANGER LE COURS D'UN MATCH, QUI PEUT FAIRE DE TOI UNE CHAMPIONNE.
LE FOOT, ÇA SE JOUE AVEC LE CŒUR
ET AVEC L'ESPRIT...

BUUUUT !
ET LE PSG SE QUALIFIE POUR LA FINALE AFIN DE REMPORTER LE TITRE DE CHAMPIONNES DE FRANCE !
C'EST MA FILLE...

Maison Geyoro – 2005.
JE VOUS AI VUS, VOUS ÉTIEZ ENCORE AU STADE TOUS LES DEUX !
POURQUOI TU EMMÈNES TA SŒUR AVEC TOI !?!
ON VA LUI FAIRE MAL !
MAMAN...
CE N'EST PAS POUR LES FILLES, LE FOOT, GRACE. TU VAS TE FAIRE MAL, TU VAS T'ABÎMER !
J'AI PAS ENVIE QUE MA FILLE RESSEMBLE À UN HOMME !
MAMAN, LAISSE-LA JOUER, FAIS-MOI CONFIANCE ! ELLE MET LA MISÈRE À TOUS LES DARONS DU QUARTIER AVEC DES BASKETS, ALORS IMAGINE AVEC DES CRAMPONS !
JE TE JURE, MAMAN, ELLE A UN TRUC POUR UNE FILLE !

LUI, C'EST ROBINHO.
IL EST AUSSI BRÉSILIEN.
WOUAH !
MONTRE-MOI RONALDINHO !
IL EST SUPER TARD, GRACE !
SI MAMAN NOUS CHOPE EN TRAIN DE MATER LES VIDÉOS, ON VA SE FAIRE ENGUEULER...
ALLEEEEEZ, UNE DERNIÈRE !

TU VOIS, ÇA, C'EST LA MAGIE DU BRÉSIL !
C'EST CE QU'ON APPELLE LE JOGA BONITO...
LE BEAU JEU !
LES BRÉSILIENS SAVENT DANSER AVEC LE BALLON !
T'ARRIVERAIS À FAIRE ÇA ???
OK, ALORS DEMAIN, ON A DU BOULOT !

GRACE... DEMAIN, CE SERA TOI...
CR7 ?!?
DEMAIN, CE SERA MOI...

PAS DE TACLE.
LE PREMIER QUI MARQUE CINQ BUTS REMPORTE LA PARTIE.
5
ET ELLE, ELLE JOUE AVEC QUI ?
HA ! HA ! HA ! HA !
T'INQUIÈTE, JE LA PRENDS DANS MON ÉQUIPE !

J'AI !
BAM!
BUUUUUT
TU T'ES FAIT RIDICULISER PAR UNE GAMINE !
NON MAIS ÇA VA, JE VOULAIS PAS LUI FAIRE MAL AUSSI !
C'EST UNE FILLE !
OUAIS C'EST ÇA... C'EST JUSTE MA SŒUR QUI EST TROP FORTE POUR TOI !
HA !
HA !
HA !
HA !
HA !

TIENS, GRACE ! À TOI !
SPAF !
AH !
HEY ! MAIS T'ES VRAIMENT UN ABRUTI, TOI !
IMAGINE C'EST TA FILLE !
MAIS ÇA VA PAS !?! T'ES MALADE !
ÇA VA, GRACE ???
SNIF
SÈCHE TES LARMES, SŒURETTE, IL NE LES MÉRITE PAS… TU ES TROP FORTE POUR EUX…
T'ES MALADE !
ET QU'ON TE REVOIE PLUS !
VAS-Y, DÉGAGE !
GRAAAAAAAAAAAAACE ! OÙ T'ES ENCORE PASSÉE ???!!!!!!!!

Club de foot
USO Orléans La Source – 2006.
VESTIAIRE
TU DIS RIEN, TU ME LAISSES PARLER...
BONJOUR MONSIEUR.
INSCRIPTION
VOUS REMPLISSEZ LE FORMULAIRE ET ON VOUS DIRA AVEC QUELLE ÉQUIPE IL VA JOUER.
HM HM !
?
C'EST POUR VOTRE FRÈRE ?!
NON, C'EST POUR MA SŒUR.

SALUT ALI ! TOUT SE PASSE BIEN ?
?
INSCRIPTION
Y A PAS DE FILLES QUI FONT DU FOOT ICI...
MAIS JE VEUX JOUER AVEC LES GARÇONS, MOI !
ON PREND PAS LES FILLES, C'EST PAS POSSIBLE.
LAISSEZ-LUI UNE CHANCE, S'IL VOUS PLAÎT... AU MOINS UNE JOURNÉE !
NON, DÉSOLÉ, JE VOUS DIS QUE CE N'EST PAS POSSIBLE...
NON, MAIS ELLE A VRAIMENT ENVIE DE JOUER !

...
EN MÊME TEMPS, ELLE EST LÀ... TU VAS PAS LA RENVOYER CHEZ ELLE !
INSCRIPTION
ON N'A MÊME PAS DE VESTIAIRE POUR LES FILLES...
C'EST PAS GRAVE, JE VAIS ME DÉBROUILLER !
INSCRIPTION
ET LES CRAMPONS ?
C'EST PAS UN PROBLÈME, J'AI L'HABITUDE DE JOUER EN BASKETS !
DANS CE CAS, ON VA FAIRE UN ESSAI...

ON PEUT PAS JOUER CONTRE ELLE, C'EST UNE FILLE !
ON VA LUI FAIRE MAL...
ELLE A MÊME PAS DE CRAMPONS...
HA ! HA !
HA ! HA !
?

MONSIEUR, FRANCHEMENT, C'EST PAS POSSIBLE, ON PEUT PAS JOUER CONTRE ELLE... C'EST PAS ÉQUITABLE !
FAIS COMME SI C'ÉTAIT UN GARÇON, SOFIANE...
...
CETTE PETITE A DU POTENTIEL...
BAM !

BRAVO, GRACE !
VOTRE PETITE SŒUR A UN SACRÉ NIVEAU ! ELLE A VRAIMENT DES CAPACITÉS...
ELLE EST IMPRESSIONNANTE !
OUI OUI, ON EST AU COURANT.
ELLE PEUT VENIR JOUER AVEC NOUS...

Salon des Geyoro
– septembre 2006.
SUPER SHOT !
RONALDINO
BUT DE GRACE GEYORO !!!!!!!!!
HA ! HA !
MÊME À LA PLAY, JE TE METS LA MISÈRE...
T'AS PRIS R10 AUSSI... C'EST FACILE...
GRAAAAAAACE ! VIENS FAIRE LA VAISSELLE !
HEU... J'AI MAL AU VENTRE, MAMAN...

SOUPIR
GRACE...
SI J'ARRIVE...
OÙ SONT-ILS PASSÉS ?!
?!
GRAAAAAAACE !
Hi! Hi! Hi!

Rien ne pouvait détourner Grace de son objectif...
pas même Angélique, sa maman...
23:45
23:47
CLIC !
OFF.

BRUIT DOUCHE
QUI EST DÉJÀ DEBOUT À CETTE HEURE-CI ?
TOC! TOC! TOC!
QUI EST DÉJÀ DANS LA SALLE DE BAIN ?
MAMAN... C'EST MA VIE QUI EST EN JEU. LE FOOT, C'EST MA PASSION...
JE DOIS Y ALLER...
IL FAUT QUE TU ME LAISSES JOUER...

TUT! TUT!
DRING! DRING!
DÉJÀ?
À 10 ans, Grace en avait la certitude : elle voulait devenir footballeuse. Et pour cela, il fallait se battre. Alors, été comme hiver, de jour comme de nuit, Grace est allée s'entraîner avec les garçons à l'USO, puis à Saint-Jean de Braye avec les filles… et un jour, elle a été appelée pour faire les détections à Clairefontaine, le temple du football français…

Hiver 2009, 4 h du matin.
C'EST ENCORE LOIN ?
JE NE COMPRENDS RIEN, LE GPS ME DEMANDE ENCORE DE FAIRE DEMI-TOUR…
ÇA BLOQUE…
PAPA, JE NE PEUX PAS LOUPER LES DÉTECTIONS DE CLAIREFONTAINE…
JE SAIS, MA FILLE, JE SAIS…

IL FAUT QUE J'AILLE À CLAIREFONTAINE, PAPA...
TU Y TIENS TELLEMENT...
C'EST MA VIE, PAPA...

ALORS JE VAIS TE POSER UNE QUESTION... SI JAMAIS LE CIEL T'ÉTAIT FAVORABLE, GRACE...
SI PAR CHANCE TU POUVAIS RÉALISER TON RÊVE ET DEVENIR UNE GRANDE FOOTBALLEUSE...
OUI, PAPA ?
... DIS-MOI QUEL GENRE DE FOOTBALLEUSE TU VOUDRAIS ÊTRE ?
JE ME BATTRAI POUR ÊTRE LA MEILLEURE ET JE SERAI UNE FOOTBALLEUSE HUMBLE ET RECONNAISSANTE !
PUISQUE TU AS CHOISI D'ÊTRE L'HÉROÏNE DE TA VIE, TU PEUX COMPTER SUR MOI : JE T'AIDERAI À TOUT FAIRE POUR RÉALISER TON RÊVE.
OUI PAPA... MAIS LÀ, FAUDRAIT UN MIRACLE POUR NOUS SORTIR DE LÀ...

QU'EST-CE QUE... ?
VOUS ÊTES PERDUS ?
NON, NOUS NOUS SOMMES EMBOURBÉS... ON DOIT ALLER À CLAIREFONTAINE POUR MA FILLE, GRACE...
NE VOUS INQUIÉTEZ PAS, JE VAIS VOUS AIDER.

JE NE SAIS PAS COMMENT VOUS REMERCIER...
JE SUIS RAVI D'AVOIR AIDÉ LA FUTURE ZIDANE !

Clairefontaine – 2009.
ON VIENT POUR LES DÉTECTIONS DES FÉMININES !
VOUS ÊTES EN RETARD... ON A DÉJÀ DÉMARRÉ...
OUI, DÉSOLÉ, MONSIEUR, NOUS AVONS EU UN SOUCI AVEC NOTRE GPS...
ELLES SONT PLUS DE 200, ELLES ÉTAIENT À L'HEURE. ON N'EN PRENDRA QUE 10, À COMMENCER PAR CELLES QUI ARRIVENT À L'HEURE... LA DISCIPLINE, C'EST PRIMORDIAL POUR LE HAUT NIVEAU...
JE SUIS DÉSOLÉ, MONSIEUR, COMME JE VOUS LE DISAIS, ON A EU UN PROBLÈME DE VOITURE ET...
VOTRE NOM ?

GEYORO.
GRACE GEYORO !
AH, GRACE !
C'EST TOI LA CHAMPIONNE DU LOIRET ?
JE SUIS PRÊTE.
BIENVENUE À CLAIREFONTAINE... REJOINS LE GROUPE ET MONTRE-NOUS CE QUE TU AS DANS LE VENTRE.
HEY !
VOTRE FILLE EST DOUÉE...
JE SAIS.

Clairefontaine, le temple du football français, perdu dans la forêt de Rambouillet. Kylian, Antoine, Olivier… c'est là que tout a commencé pour les plus grands champions de l'Équipe de France.
et pour Grace, c'est là que les choses sérieuses ont démarré…

DRING !
2012
DRING !
HM... DÉJÀ ?
...
MINCE, J'AI PAS REGARDÉ L'HEURE ! JE VAIS ÊTRE EN RETARD !
MAIS MEUF, QU'EST-CE QUE TU FOUS EN ROUGE ?
J'AVAIS PLUS RIEN DE BLEU !
SUIS-MOI DANS MA CHAMBRE ! J'AI DES VÊTEMENTS EN RAB !
?
VITE ! ON FONCE !

A = 4 (10+2)
A = 4x10 + 4x2
A = ?
A = ?
A = ?
A = 4(10+2)
A = 4x10 + 4
JE VOUS LAISSE À PRÉSENT COMPLÉTER LA FORMULE...
A = 4 x 12
A = 4 x (10 + 2)
A = 4 x 10 + 4 x 2
A = 40 + 8
A = 48

L'après-midi.
LE 8, C'EST LE MILIEU DE TERRAIN...
UN POSTE ESSENTIEL DANS UNE ÉQUIPE...
LE 8, C'EST LE LIEN ENTRE LA DÉFENSE ET L'ATTAQUE.
LE 8, C'EST LA COLONNE VERTÉBRALE D'UNE ÉQUIPE...
SON RÔLE EST ESSENTIEL : C'EST LUI QUI DICTE LE RYTHME ET LA VITESSE DU JEU... C'EST UNE ÉNORME RESPONSABILITÉ. CELA DEMANDE BEAUCOUP DE CONCENTRATION ET DE SANG-FROID...
DE LA CONCENTRATION ET DU SANG-FROID...
LA FILLE DU MILIEU, CE SERA MOI...

TOC ! TOC !
GRACE, JE PEUX ENTRER ?
ANISSA !
ALORS ????
ALORS QUOI ?!?
ALLEEEEZ, FAIS PAS TA CACHOTTIÈRE...
MA CACHOTTIÈRE DE QUOI ?!?
JE SUIS AU COURANT !
ALLEZ, VAS-Y, CRACHE LE MORCEAU... JE SAIS PAS DE QUOI TU ME PARLES...
DU PSG !
RIEN N'EST DÉCIDÉ. ILS VEULENT JUSTE QUE JE FASSE LES DÉTECTIONS AU CAMP DES LOGES...
JE SAIS PAS... JUVISY ME VEUT AUSSI... C'EST UNE GROSSE ÉQUIPE...
ET LE PSG, C'EST QUOI ??
MAIS GRACE !!!!!... LE PSG ! TU PEUX PAS RATER ÇA !
EN PLUS LE PSG, C'EST MARCO !
ET ON SERA ENSEMBLE !
ON VA TOUT CASSER...
T'AS INTÉRÊT À ÊTRE À L'HEURE CETTE FOIS... TU FAIS PAS LE COUP DE LA PANNE, HEIN ?

CLAC !
SALUT, MAMAN !
ARGHHH ! JE VAIS ENCORE ÊTRE EN RETARD !
MAIS NON !!!
ALORS LÀ, C'EST SÛR. J'ARRIVERAI PAS À L'HEURE...

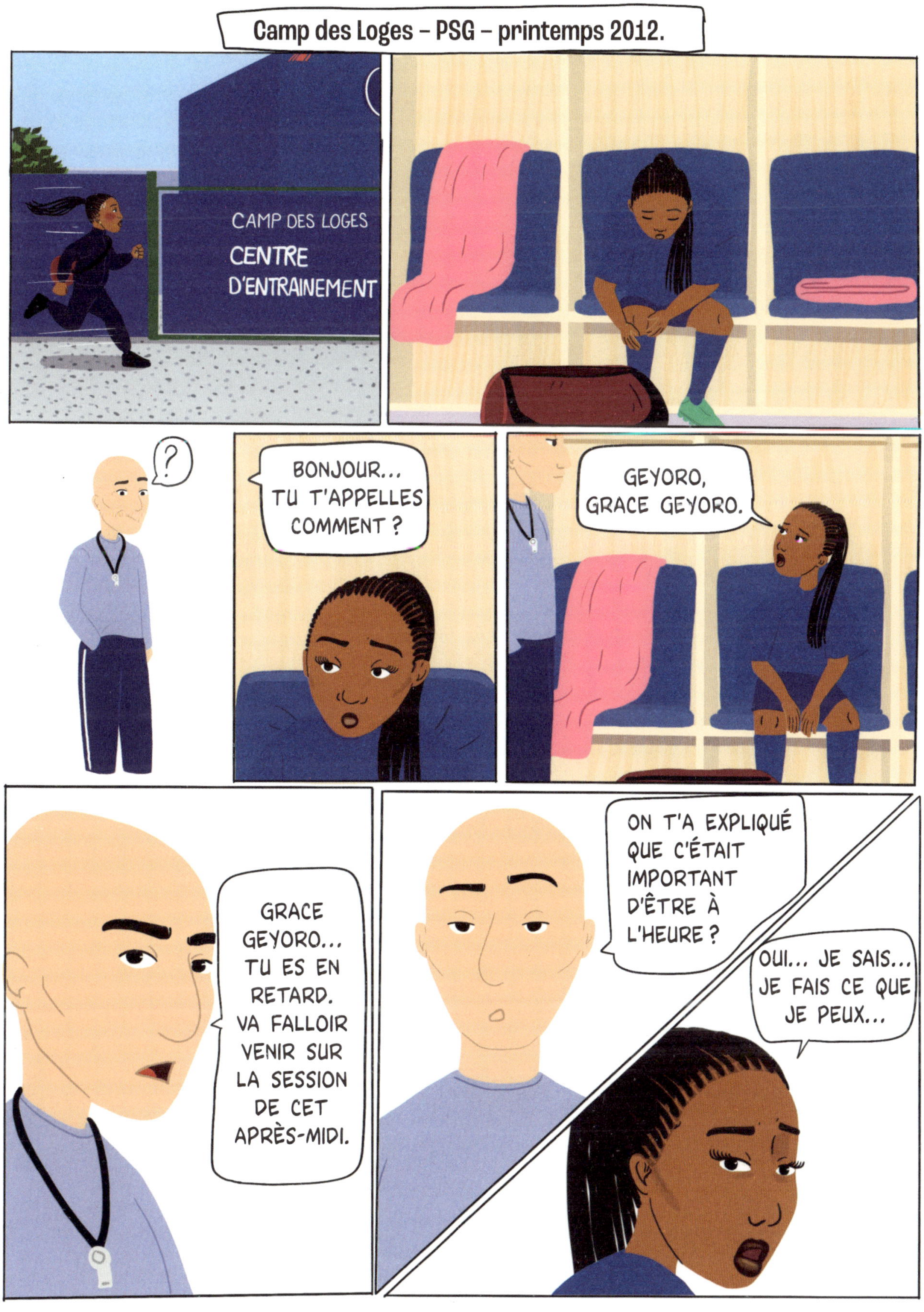
Camp des Loges – PSG – printemps 2012.
CAMP DES LOGES
CENTRE D'ENTRAINEMENT
?
BONJOUR... TU T'APPELLES COMMENT ?
GEYORO, GRACE GEYORO.
GRACE GEYORO... TU ES EN RETARD. VA FALLOIR VENIR SUR LA SESSION DE CET APRÈS-MIDI.
ON T'A EXPLIQUÉ QUE C'ÉTAIT IMPORTANT D'ÊTRE À L'HEURE ?
OUI... JE SAIS... JE FAIS CE QUE JE PEUX...

ICI C'EST PA
C'EST PEUT-ÊTRE UN PEU GRAND POUR MOI...
MAINTENANT QUE JE SUIS LÀ, JE VAIS ME DONNER À FOND ET MONTRER CE QUE JE SAIS FAIRE...

Stade Gaston Couté – printemps 2012.

LAISSEZ MA SŒUR TRAN-QUILLE, LES GARS...
EN VRAI...
JE SAIS PAS ENCORE...
Y A JUVISY AUSSI...
OUI, LES FILLES ONT FAIT UNE SUPER SAISON...
MAIS LE PSG QUOI !
T'IMAGINES !
ICIII, C'EST PARIIIIIS !
FAUT QU'ON EN DISCUTE AVEC LES PARENTS...

Église – printemps 2012.
DIEU NE NOUS IMPOSE RIEN... IL PROPOSE !
À NOUS D'ÊTRE À LA HAUTEUR DE CE QUI NOUS EST PROPOSÉ !
AMEN !
À NOUS DE NOUS DONNER LES MOYENS DE CONSTRUIRE NOTRE VIE SELON LES PRINCIPES QUE NOUS CHOISISSONS...
AMEN !
AMEN !
AMEN !
... ET CES PRINCIPES DOIVENT TOUJOURS ÊTRE GOUVERNÉS PAR LE CŒUR !
IL FAUT CHOISIR SON CLUB AVEC LE CŒUR... QUE CE SOIT PARIS OU AILLEURS...
POURQUOI IL PARLE DE CLUB ?

IL A DIT PARIS ?!?
ET QUELLE QUE SOIT LA BEAUTÉ ARCHITECTURALE DE LA VIE...
SI ELLE N'A PAS DE BONNES BASES, ELLE FINIT PAR S'EFFONDRER UN JOUR.
ALLÉLUIA !
AH, MA PETITE GRACE ! ON EST FIERS DE TOI ICI.
À PARIS OU AILLEURS, TU SERAS TOUJOURS NOTRE PETITE GRACE...
HM, VOTRE FILLE...
QUOI MA FILLE ???
JE L'AI VUE ENCORE L'AUTRE JOUR AU FOOT AVEC LES GARÇONS !
FAUT PAS LA LAISSER DEHORS COMME ÇA... ELLE VA S'ABÎMER...
...

C'EST PAS POUR LES FILLES, ÇA, LE FOOTBALL... Y A RIEN POUR ELLE LÀ-BAS !
MADAME LAGUERRE, COMMENT ALLEZ-VOUS ?
SOUVENEZ-VOUS, DIEU NE NOUS IMPOSE RIEN. IL PROPOSE !
ET SI DIEU A PROPOSÉ À GRACE DE FAIRE DU FOOT, C'EST À ELLE DE CHOISIR !
TU DOIS SAVOIR QU'IL Y A DES GENS QUI T'OBSERVENT.
LE CHEMIN SERA LONG ET REMPLI D'OBSTACLES. IL VA FALLOIR TE BATTRE ET ÊTRE PATIENTE...
BATS-TOI POUR AVOIR UNE BONNE CARAPACE AUTOUR DE TOI.
IL Y AURA DES OBSTACLES... DES DOUTES... MAIS TU TE RELÈVERAS !
LE CŒUR EST LE PLUS IMPORTANT, MA FILLE.

Et des hauts et des bas, comme dans la carrière de tous les sportifs de haut niveau, il y en a eu... surtout en équipe de France.

Coupe du monde – U17 – octobre 2012.

Euro de foot U19 – Slovaquie – 31 juillet 2016.
LES DEUX ÉQUIPES SE LIVRENT UNE BATAILLE EN MILIEU DE TERRAIN POUR CETTE FINALE QUI SE JOUE DANS DES CONDITIONS APOCALYPTIQUES !
IL VA FALLOIR DU COURAGE AUX BLEUETTES POUR CE MATCH !
ALORS QUE GRACE GEYORO RÉCUPÈRE UN BALLON... ELLE ARME SA FRAPPE...
ET ELLE MARQUE !!!!!!

LES BLEUETTES QUI OUVRENT LE SCORE GRÂCE À UNE ACTION DÉCISIVE…
…DE LEUR MILIEU DE TERRAIN…
GRACE GEYORO !
66E MINUTE DE JEU, C'EST AU TOUR DE MARIE-ANTOINETTE KATOTO DE MARQUER ! LES FRANÇAISES SONT MAINTENANT TOUTES PROCHES D'ÊTRE CHAMPIONNES D'EUROPE !
TRIIIIIIIIT !
VICTOIRE DE L'ÉQUIPE DE FRANCE FACE AUX ESPAGNOLES 2-1. LES FRANÇAISES DEVIENNENT CHAMPIONNES D'EUROPE !
ON SALUE LA JOUEUSE GRACE GEYORO, QUI A FAIT UN EURO EXCEPTIONNEL ET QUI A ÉTÉ DÉCISIVE EN MARQUANT DANS CETTE FINALE ! BRAVO, GRACE !

Quelques semaines plus tard...
PAPOUASIE NOUVELLE GUINÉE
à l'autre bout de la planète.
LES FRANÇAISES, QUI ONT REMPORTÉ L'EURO, VONT TENTER DE FAIRE UN DOUBLÉ EN REMPORTANT LA COUPE DU MONDE !
GRACE GEYORO, QUI A ÉTÉ TITULAIRE SUR TOUS LES MATCHS DE CETTE COMPÉTITION...
... SEMBLE PLUS DÉTERMINÉE QUE JAMAIS !
JE PEUX MARQUER, ALLEZ...
TOI, T'AIMES TROP MARQUER EN FINALE !
BUUUT

Coupe du monde 2019 – France/Corée du Sud.

9E MINUTE DE JEU...
SUR UN CENTRE D'AMANDINE HENRY...
UN BUT D'EUGÉNIE LE SOMMER !
ET LES FRANÇAISES OUVRENT LE SCORE GRÂCE À LA LYONNAISE !
TU CROIS QU'ELLE VA JOUER ?
OUI, MAMAN, ELLE EST CHEZ ELLE AU PARC DES PRINCES.
LA COACH VA FORCÉMENT LA FAIRE ENTRER, NE T'INQUIÈTE PAS...
QUAND MÊME, MAMAN, REGARDE, C'EST UNE STAR, Y A SA TÊTE SUR LE GOBELET...
35E MINUTE DE JEU, UN CENTRE DE LA LYONNAISE GAËTANE THINEY POUR WENDY RENARD, QUI MET UNE TÊTE PUISSANTE...
ET LE BALLON FINIT DANS LES FILETS DE LA GARDIENNE QUI NE PEUT RIEN FAIRE !
2-0 POUR LES FRANÇAISES... !
CLAP.
CLAP
CLAP.
CLAP.
CLAP
T'INQUIÈTE, JE SUIS SÛR QU'ELLE VA ENTRER EN 2E MI-TEMPS...

ALLEZ, LE MATCH REPREND AU PARC DES PRINCES...
ET AUCUN CHANGEMENT DU CÔTÉ DE L'ÉQUIPE DE FRANCE.
POURQUOI ELLE NE LA FAIT PAS ENTRER SUR LE TERRAIN ?!?
PATIENCE, FILS, PATIENCE. SI ELLE NE JOUE PAS, C'EST QUE CE N'EST PAS SON MOMENT...
ÇA Y EST, CORINNE DIACRE ENVOIE SES JOUEUSES À L'ÉCHAUFFEMENT... ELLE VA SANS DOUTE VOULOIR FAIRE TOURNER SON EFFECTIF, PUISQUE L'ÉQUIPE DE FRANCE MÈNE LARGEMENT...
C'EST L'OCCASION DE RÉVÉLER CERTAINS TALENTS DE L'ÉQUIPE DE FRANCE...
ET DE DONNER AUX JOUEUSES L'OCCASION DE PARTICIPER À CETTE GRANDE FÊTE AU PARC DES PRINCES.
70E MINUTE ET C'EST... DELPHINE CASCARINO QUI CÈDE SA PLACE À VALÉRIE GAUVIN...

75E MINUTE, NOUVEAU CHANGEMENT... ET C'EST...
ÈVE PERISSET QUI FAIT SON ENTRÉE SUR LE TERRAIN...
CORINNE DIACRE NE SEMBLE PAS VOULOIR FAIRE ENTRER LA JOUEUSE PARISIENNE GRACE GEYORO, QUI S'ÉCHAUFFE DEPUIS MAINTENANT 20 BONNES MINUTES...
85E MINUTE, ET 4-0 POUR LES BLEUES ! SUPERBE FRAPPE LOINTAINE DE LA CAPITAINE DES BLEUES QUI FILE DANS LA LUCARNE DROITE !
UN BUT QUI VIENT RÉCOMPENSER SON EXCELLENT MATCH ! BRAVO !
AH, 86E MINUTE DE JEU, CORINNE DIACRE SE DÉCIDE À FAIRE ENTRER GRACE GEYORO !
QUI N'AURA QUE TRÈS PEU DE TEMPS DE JEU.
TRIIIIT !
FIN DE MATCH

Ça n'a vraiment pas toujours été facile pour Grace en équipe de France...
...

MA FILLE, NE COMMENCE PAS À TE PRENDRE LA TÊTE AVEC TOUT ÇA...
FAIS UN PAS VERS ELLE...

Il a fallu que Grace patiente pour avoir l'occasion de montrer toute l'étendue de son talent en équipe de France et pour devenir la leader qu'on connaît.

Heureusement, il y avait le PSG. Et c'est dans son club que Grace a pu montrer le large éventail de ses capacités : sa rapidité, son explosivité, son leadership, son élégance.

Même si là aussi, tout n'a pas été simple.

Stade de Vendenheim – hiver 2014. Pierre-Yves Boudineau aide Grace à prendre du recul.
FC VENDENHEIM
FC VENDENHEIM
GRACE... MONTRE-MOI QUE TU ES INVESTIE...
DONNE TOUT SUR LE TERRAIN.
OUBLIE L'ÉQUIPE DE FRANCE...
WINSTON CHURCHILL DISAIT QUE LE SUCCÈS, C'EST D'ALLER D'ÉCHEC EN ÉCHEC AVEC ENTHOUSIASME...

IL FAUT QUE TU FASSES DE TES ÉCHECS DES LEÇONS...
IL Y AURA DES OBSTACLES, DES DOUTES...
TU AS TOUT CE QU'IL FAUT LÀ POUR DEVENIR EXEMPLAIRE ET ÊTRE LA LEADER DE CETTE ÉQUIPE.
TUUT ! TUUT !
LE FOOT FÉMININ EST EN TRAIN DE CHANGER. CE CLUB EST EN TRAIN DE PRENDRE UNE AUTRE DIMENSION, ON VA JOUER LA LIGUE DES CHAMPIONS.
UN JOUR, ON SERA CHAMPIONS DE FRANCE !
MAIS POUR ÇA, ON A BESOIN DE TOI. TU ES LE FUTUR DE CETTE ÉQUIPE, GRACE...

ALLEZ LES FILLES DU FC VENDENHEIM !
FC VENDENHEIM
BUT DE GRACE GEYORO !

5E BUT DU PSG !
ELLE VA TROP VITE...
RETOURNE DANS TON PAYS, LA 8 !
OUH ! OUH !
HA HA HA !
?

Mais rien ne pouvait empêcher Grace
de réaliser son rêve : devenir une des plus grandes
joueuses professionnelles de foot.

Stade Jean Bouin – 4 juin 2021.

LES MEUFS, VOUS ÊTES GÉNIALES !
VOUS NOUS RÉGALEZ !
PARIS
PARIS SAINT-GERMAIN
C'EST MA FIIIIIILLE !!! REGARDEZ, C'EST MA FILLE !!!
ON EST SUPER FIÈRES, SUPER CONTENTES. C'EST L'ACCOMPLISSEMENT D'ANNÉES DE TRAVAIL.
AUJOURD'HUI, ON L'A FAIT !
TU PARLES AVEC LE CŒUR, MA FILLE...
JE SUIS TRÈS FIER DE MES JOUEUSES. ELLES ONT FAIT UNE MAGNIFIQUE SAISON. ON A ATTENDU CE TROPHÉE LONGTEMPS, C'EST UN SENTIMENT TRÈS, TRÈS SPÉCIAL.
NASSER AL-KHELAÏFI, PRÉSIDENT DU CLUB.

CHAMPIONNE
« ELLES MARQUENT L'HISTOIRE DU CLUB, ELLES S'EN SOUVIENDRONT TOUTE LEUR VIE... » OLIVIER ECHOUAFNI

France/Italie – Euro 2022.
ET GRACE GEYORO EST TITULAIRE CE SOIR...
ELLE REVIENT DE LOIN...
Trois semaines plus tôt.
C'EST UNE ENTORSE DU GENOU...
ÇA VA ALLER...
C'EST PAS GRAVE, MAIS IL FAUT DU TEMPS POUR...
FFF
COMBIEN DE TEMPS ?!?
CLIC
QUELQUES SEMAINES ...
EST-CE QUE JE POURRAI JOUER L'EURO ?
IL FAUT VOUS REPOSER... PAS DE BALLON PENDANT AU MOINS 10 JOURS.
DU REPOS... ET ON VERRA APRÈS.

ALLONS ENFANTS DE LA PATRIIIIIE !
LET'S GO !
ALLEZ, LES FILLES, ON LÂCHE RIEN !
8E MINUTE DE JEU : DIANI DÉBORDE ET CENTRE !
IL EST POUR MOI CELUI-LÀ, ÇA VA LE FAIRE !
GOAAAAAAAAAAAAAAAAAAL !

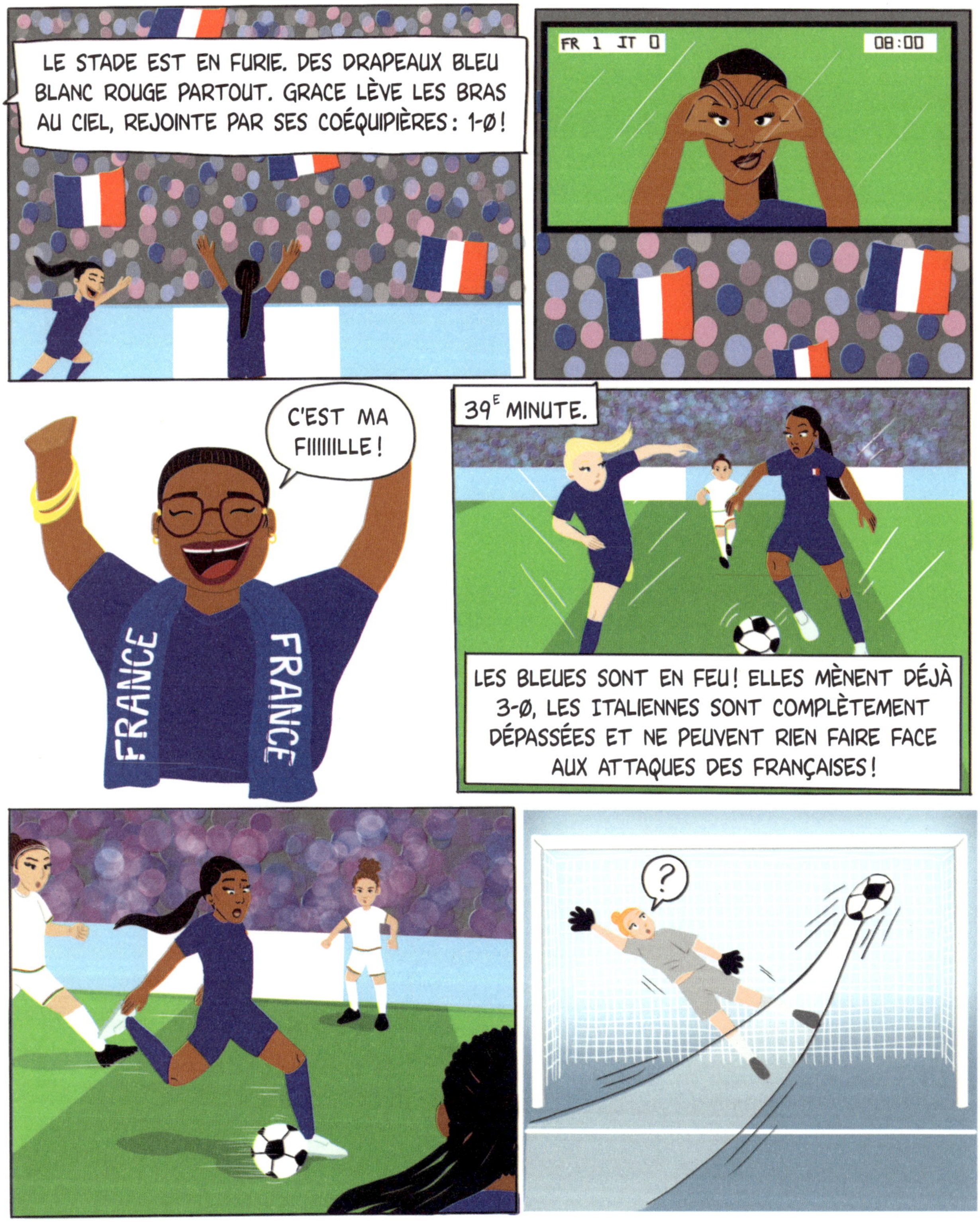

BUUUUUUT DE GEYOROOOOOOOOOOOO !

C'EST UN DOUBLÉ POUR GEYORO QUI EST DÉCIDÉMENT TRÈS EN FORME MALGRÉ SA BLESSURE !
C'EST MA FILLE ! C'EST GRACE !
LES FRANÇAISES NE VEULENT PLUS RENDRE LE BALLON ! LES VOICI ENCORE QUI S'APPROCHENT DE LA SURFACE DE RÉPARATION !
TV

NE JAMAIS RESTER SUR SES ACQUIS. JE PEUX ENCORE FAIRE MIEUX... LE FOOT, C'EST SPIRITUEL...
WOW !
FRANCE FRANCE
BUT !!!

INCROYABLE ! LE TRIPLÉ DE GEYOROOOOOOO DANS UN GESTE EXTRAORDINAIRE !!!!! TROIS BUTS EN UNE MI-TEMPS !
C'EST MA FIIIILLLE !!!!
OUI, BON, C'EST BON, ON A COMPRIS !
FR 3 IT 0
GRACE GEYORO CE SOIR BAT UN RECORD ! JAMAIS UNE JOUEUSE N'AVAIT INSCRIT UN TRIPLÉ SUR LA PREMIÈRE MI-TEMPS D'UN MATCH DE L'EURO ! C'EST CHOSE FAITE ! ET 1 ET 2 ET 3 POUR GEYORO !

TU JOUES AVEC LE CŒUR, MA FILLE…
LE MATCH TOUCHE BIENTÔT À SA FIN. ET CHEZ LES ITALIENNES, RIEN NE VA.
MAIS FAUT L'ARRÊTER !
?
BAM !
OOOOOOOH !
GRAACE…
TUUUT !

FRANCE
DÉCIDÉMENT, RIEN NE PEUT ARRÊTER GRACE GEYORO CE SOIR... C'EST CLAIREMENT LA JOUEUSE DU MATCH !
FRANCE
JE CROIS QUE CORINNE DIACRE VA AVOIR DU MAL À SE PASSER DE GRACE GEYORO DÉSORMAIS...
OUI, JE CROIS QUE S'IL Y A UN MESSAGE À FAIRE PASSER, C'EST BIEN CELUI-CI : GRACE A TOUTE SA PLACE EN ÉQUIPE DE FRANCE !

Conférence de presse.
GRACE !
ICI !
PAR ICI, GRACE !
GRACE !
GRACE, QU'EST-CE QUE ÇA FAIT DE REMPORTER LE TROPHÉE DE LA JOUEUSE DU MATCH ?
C'EST UN HONNEUR POUR MOI.
GRACE, IL Y A TROIS SEMAINES, VOUS VOUS BLESSIEZ AU GENOU À L'ENTRAÎNEMENT… VOUS N'ÉTIEZ MÊME PAS CERTAINE DE JOUER CE SOIR… ET LÀ, VOUS INSCRIVEZ UN TRIPLÉ EN UN TEMPS RECORD…
FAUDRAIT QUE GRACE SOIT BLESSÉE PLUS SOUVENT…
HA !
HA !
HA !
HA !
HA !
HA !
HA !
HA !
HA !

JE FÉLICITE GRACE, ELLE A FAIT UN MATCH EXCEP-TIONNEL...
CE SOIR, VOUS AVEZ RÉALISÉ UN EXPLOIT AVEC CE TRIPLÉ... ÇA FAIT QUOI DE CAPTER LA LUMIÈRE ?
CE QUI M'IMPORTE, CE N'EST PAS DE CAPTER LA LUMIÈRE...
C'EST DE GAGNER AVEC MON ÉQUIPE.
TOUS LES REGARDS SONT POSÉS SUR VOUS !
JE VOUDRAIS QUE LES REGARDS SE POSENT SUR L'ÉQUIPE ET PAS SEULEMENT SUR MOI. LE FOOT, C'EST UN SPORT D'ÉQUIPE. ET JE SUIS FIÈRE DE MON ÉQUIPE. PLUS ON GAGNERA DES MATCHS, PLUS ON NOUS RESPECTERA !

OUI, MAIS QUAND MÊME ON NE PARLE QUE DE VOUS AVEC CE TRIPLÉ !
GRACE !
GRACE !
GRACE !
GRACE, ON PEUT DIRE QUE VOUS ÊTES BIEN DANS VOS BASKETS ?
BIEN DANS MES CRAMPONS, VOUS VOULEZ DIRE ?
HA ! HA !
HA !
HA !

Shooting photo – juin 2023.
MILIEU DE TERRAIN D'EXCEPTION
ENFIN LES CRAMPONS QU'ELLE MÉRITE
GUERRIÈRE SUR LA PELOUSE

WOUAH !
« IL FALLAIT UNE CHAUSSURE D'EXCEPTION POUR UNE JOUEUSE D'EXCEPTION, UNE CHAUSSURE IMAGINÉE PAR DES FEMMES, POUR DES FEMMES. JAMAIS LE FOOT FÉMININ N'A ÉTÉ AUSSI COMPÉTITIF ET POPULAIRE QU'AUJOURD'HUI. LES CHAUSSURES DES ATHLÈTES SE DEVAIENT DONC D'ÊTRE À LA HAUTEUR DE CETTE ÉVOLUTION. »
ELLE EST TROP BELLE !
J'VEUX SES CRAMPONS !
ELLE EST TROP FORTE SURTOUT, JE LA KIFFE !
JE VEUX ÊTRE FOOTBALLEUSE PROFESSIONNELLE MOI AUSSI !

SAINT - GERMAIN
GRACE !!!
GRACE !!
GEYORO
2028
GRACE !
UN MOT, GRACE, POUR COMMENTER CETTE PROLONGATION ?
PARIS M'A TOUT DONNÉ. J'AI SES COULEURS EN MOI !
GEYORO
2028

2026.
TOC TOC !
SUZIE, T'ES PRÊTE ?
JE SUIS PRÊTE...
JOUE AVEC TON CŒUR ET JE TE PROMETS QUE TU VAS TOUT DÉCHIRER, TU ES UNE GUERRIÈRE !
TOUJOURS AVEC LE CŒUR... JE SUIS UNE GUERRIÈRE !

Mon parcours n'aurait jamais été possible sans le soutien indéfectible de mes parents, qui ont toujours cru en moi, même dans les moments les plus durs. Ils m'ont appris la force, la patience et l'humilité.

Je pense aussi à mon grand frère, à qui je dois tant. C'est lui qui m'a transmis l'amour du ballon rond, bien avant que je comprenne ce que ça allait représenter pour moi. Il a été mon premier modèle, mon premier coach, mon premier fan.

Et à mes frères et sœurs, merci d'avoir toujours été là, dans l'ombre comme dans la lumière, avec votre affection simple et essentielle.

Enfin, un immense merci à Chloé et Blachette, qui ont su capter l'essence de mon histoire avec une grande sensibilité. Grâce à vous, ce rêve d'enfant devient un livre.

Grace Geyoro

Je remercie du fond du cœur la famille Geyoro qui m'a ouvert son cœur, la porte de sa maison, et celle du city stade où Grace a fait ses premiers petits ponts face aux darons du quartier.

Bravo et merci à Camille qui a magnifiquement et avec beaucoup de style donné vie à cette histoire.

Merci aussi à Émilie Dos Santos et Pierre-Yves Boudineau d'avoir apporté leur témoignage.

Enfin, merci à ma maison d'édition, Marabulles, pour son soutien et sa bienveillance.

Sophie, Elisabeth, Julien, merci pour votre confiance.

Ensemble, on raconte de bien belles histoires.

Chloé Célérien

À ma famille, et mes amis proches, qui m'ont portée à chaque étape, entre deux crises de doute et trois Ice Latte.

À mes potes dans le milieu du foot, que je sollicitais pour des trucs que j'aurais pu trouver sur internet (Sorry Faly Googlemap mdr).

Merci à Sophie et à la maison d'édition de m'avoir dit « go » sans me demander de faire moins moi.

À Chloé, pour m'avoir laissée m'approprier son scénario avec une liberté rare.

À Grace, pour avoir accepté que je mette en cases sa vie — merci pour ta confiance et ta sincérité.

Et enfin, à vous, derrière vos écrans, qui me suivez depuis maintenant 10 ans (oui, une décennie, on dirait pas, mais si) : merci d'être là, toujours.

C'est pas un like, c'est de l'amour.

Blachette

MARABOUT
s'engage pour l'environnement
en réduisant l'empreinte carbone
de ses livres.
Celle de cet exemplaire est de :
950 g éq. CO_2
Rendez-vous sur
www.marabout-durable.fr

PAPIER À BASE DE
FIBRES CERTIFIÉES

Achevé d'imprimer en Espagne par Graficas Estella en mai 2025
Hachette Livre SA
CS 70 007
58, rue Jean Bleuzen, 92178 Vanves Cedex
CONTACT@marabout.com

Dépôt légal : juin 2025
ISBN : 978-2-501-18311-6/01

1630250